교양 꿀꺽
일제 강점기에는 어떤 일이 있었을까?

교양 꿀꺽
일제 강점기에는 어떤 일이 있었을까?

손지숙 지음 | 김보경 그림

봄마중

차례

머리말 · 6

1 동양의 평화를 위해 전쟁을 일으켰다고? · 11

2 강압에 의한 불법 조약, '한일 병합 조약' · 21

3 조선의 토지를 장악하라, 토지 조사 사업 · 31

4 민족을 분열시켜라, 문화 통치 · 41

5 처절하게 학살당한 조선 민중들 · 55

6 우리가 열등한 민족이라고? · 67

7 천황의 신민으로 살아라 · 77

8 우리 민족을 전쟁터, 공장, 광산으로 총동원한 일본 · 89

9 전쟁터에 강제로 끌려간 일본군 위안부 · 107

10 우리나라가 일본 덕분에 발전하고 근대화되었다고? · 115

머리말

 '일본' 하면 어떤 생각이 들어? 우리나라에 일본은 어떤 나라일까? 흔히 일본을 '가깝고도 먼 나라'라고 해. 지리적으로 가까워 친한 이웃이 되어야 하지만, 역사 속에서 일본은 항상 '먼 나라'였거든.

 우리나라와 일본의 분쟁은 '역사 문제'에서 비롯되었어. 과거에 있었던 일을 분명하게 해결하지 못하고 그냥 묻어 두었기 때문이야. 우리는 역사의 '상처'를 어루만지면서 일본과 '가까운 나라'가 되고자 노력해 왔어. 하지만 일본은 우리나라를 식민지로 가혹하게 지배했던 사실을 다르게 말하고, 우리나라를 침략한 것이 아니라 도운 거라고 거짓말을 하고 있지.

　왜곡된 역사를 사실인 것처럼 주장하거나 역사의 진실을 외면하는 것은 결코 옳지 않아. 우리와 일본이 '가까운 이웃'으로 평화로운 관계를 만들어 가기 위해서는 역사를 제대로 인정해야 해. 그러기 위해서는 일제 강점기 때 일본이 우리나라를 침략해서 어떤 일을 저질렀는지, 우리가 어떤 고통을 당했고 어떻게 죽을힘을 다해 견뎌 냈는지 제대로 알아야 해. 이것이 바로 이 책을 쓴 이유야.

　이 책은 일제 강점기의 역사를 10가지의 주제로 정리했어. 그 당시의 상황을 쉽게 이해할 수 있도록 다양한 자료를 활용했고 앞장서서 우리에게 몹쓸 짓을 한 일본인들의 이름도 똑똑히 밝혀 두었어.

　아마 이미 알고 있는 사실도 있고 그동안 들어 왔던 것과 좀 다른 내용도 있을 거야. 하지만 여기에 적힌 내용은 모두 '역사적인 사실'이야. 이 책을 읽으면서 우리 민족이 겪었던 아픔을 공감하고, 진짜 역사를 이해할 수 있기를 바랄게.

　자, 그럼 지금부터 일제 강점기의 역사 속으로 들어가 볼까?

1

동양의 평화를 위해 전쟁을 일으켰다고?

1894년 7월 25일, 우리나라의 아산만 앞바다에 수상한 군사들이 나타났어. 이들은 소리 없이 조용히 움직이다가 느닷없이 대포를 쾅쾅 쏘아 대며 이곳에 주둔해 있던 청나라 함대를 공격했지. 선전 포고도 없이 기습 공격을 당한 청나라 함대는 힘없이 무너졌어. 일본이 청나라를 상대로 청일전쟁을 일으킨 거야.

이렇게 일본은 우리나라 땅에서 자기네 마음대로 다른 나라와 전쟁을 벌였어. 우리나라는 일본과 청나라의 전쟁터로 아수라장이 되었지. 일본은 '조선 독립'과 '동양의 평화'를 지키기 위해 전쟁을 일으킨 거라고 말했어.

일본이 내세운 '조선 독립'의 진짜 목적은 청나라의 간섭에서 조선을 떼어 내 자기 마음대로 지배하려는 것이었어.

그동안 조선에서 큰 나라로 대접을 받으며 목소리를 내 온 청나라를 내쫓고 조선을 오롯이

자기네 손아귀에 넣으려는 속셈이었지.

이런 시커먼 속셈을 숨기고 청나라와 전쟁을 준비하고 싸움을 벌였던 일본은 청일전쟁에서 승리했어. 그러고는 총칼을 높이 들고 경복궁을 점령했지. 또 전국 곳곳에서 들고일어난 **동학 농민군**을 무자비하게 공격했어. 동학 농민군은 죽을 각오로 맞섰지만 최신식 무기를 앞세운 일본군을 당해 낼 수는 없었어. 1894년 이후 사실상 조선은 일본 군대의 발아래 놓인 것과 다름없었지.

1895년 10월 8일 새벽, 일본은 우리 역사상 도저히 잊을 수 없는 만행까지 저질렀어. 주한 일본 공사 미우라 고로가 이끄는 공사관 사람들과 수십 명의 일본 떠돌이 무사들이 경복궁 안에서 명성 황후를 무참히 살해한 거야. 이들은 한 나라의 황후와 수많은 왕실 군사와 궁녀까지 마구 죽이고는 아무렇지 않은 듯 왕궁을 유유히 빠져나갔어. 이 사건을 '**을미사변**'이라고 해.

'조선 독립과 동양의 평화'라는 그럴듯한 이유를 앞세

워 청나라와 전쟁을 벌인 일본 때문에 정작 우리 땅만 폐허가 되어 버렸어. 평화로운 삶의 터전이었던 집과 마을과 들판은 잿더미로 변했고 수많은 백성과 동학 농민군도 일본군의 총칼에 쓰러져 갔지.

이것으로 끝이 아니었어. 1904년 2월, 일본은 또다시 우리나라 땅에서 러시아와 전쟁을 벌였어. 바로 **러일전쟁**이야. 이번에도 '동양의 평화'를 지키고 '조선의 독립을 굳건히 한다'는 명분을 내세웠지. 일본 때문에 또다시 전쟁터가 된 대한제국은 러시아와 일본, 그 어느 편에도 서지 않겠다며 중립을 선언했어. 하지만 일본은 **한일의정서**를 맺을 것을 강요했지.

다음은 '한일의정서' 제1조야.

> 한일 양 제국은 항구불역의 친교를 유지하고 동양의 평화를 확립하기 위하여 대한제국 정부는 대일본제국 정부를 확신하고 시정의 개선에 관한 충고를 들을 것.

'항구불역'은 영원히 변하지 않는다는 뜻이고 '시정'은

정치를 뜻해. 일본은 겉으로는 '친교와 동양의 평화'를 내세웠지만 사실은 우리나라 어느 곳이든 군사적으로 필요한 곳이라면 마음대로 사용할 수 있게 해 놓았어. 그뿐만 아니라 조선 사람을 언제든지 전쟁에 동원하고 조선의 물자를 강제로 거둬 갈 수 있게 했지.

또 **한일 외국인 고문용빙에 관한 협약**을 강요해서 일본 정부가 추천하는 일본인 재정 고문과 외국인 외교 고문을 두게 했어. '용빙'이란 사람을 쓰려고 맞아들인다는 뜻이야. '고문'은 나라의 정책을 정할 때 정책의 방향을 알려 주거나 조언을 해 주는 역할을 하는 사람이지. 이 협약을 통해 일본은 우리나라의 재정권을 빼앗고 외교 업무에 시시콜콜 간섭했어.

1905년 2월 22일에는 **독도를 일본 영토로 강제로 끼워 넣었어.** 독도는 역사적으로 분명한 우리 영토야. 대한제국도 독도가 우리나라 땅이라는 것을 명확히 밝혔어. 하지만 일본은 아무런 근거도 없이 독도를 일방적으로 자기네 땅이라고 선언했지. 도대체 일본은 왜 그렇게 독도를 탐내고 터무니없는 선언까지 한 것일까?

바로 군사적인 목적 때문이었어. 일본은 러일전쟁 초기부터 울릉도와 독도가 전략적으로 얼마나 가치 있는 곳인지 잘 알고 있었거든. 울릉도와 독도는 남쪽으로 내려와 세력을 넓히려는 러시아의 함대와, 이를 막으려는 일본의 연합 함대가 마주치는 전략적인 요충지였어.

러시아 함대가 동해 해상권을 위협하자, 일본은 어떻게든 위기를 이겨 낼 해결책을 찾으려고 안간힘을 썼어. 그 해결책이 바로 울릉도와 독도에 적의 함대를 살피고 감시할 수 있는 망루를 설치하는 것이었지. 일본은 먼저 울릉도에 감시 망루를 설치하고, 독도에도 설치하려고 군함을 파견해서 조사했어.

그즈음 러시아의 발트 함대가 대한해협을 향해 다가오자 마음이 급해진 일본 정부가 독도를 강제로 끼워 넣은 거야.

독도를 빼앗은 것은 일본의 한반도 침탈이

본격적으로 시작되었다는 것을 알리는 신호탄이었어.

독도는 첫 희생지가 된 거지. 그리고 지금까지도 일본은 독도가 자기네 땅이라고 이치에 맞지 않는 망언을 함부로 내뱉으며 우기고 있어. 게다가 11월 17일에는 **을사늑약**을 강제로 맺어 우리나라의 외교권마저 완전히 빼앗아 갔어.

우리나라를 강제로 병합하면서 내세운 것도 어김없이 '동양의 평화'였어. 일본은 우리나라가 '동양 평화 화란의 연원'이라며 이를 두절하기 위해 우리나라를 병합한다고 주장했어. 이게 대체 무슨 말이냐고? 우리나라가 동양의 평화와 일본의 안전을 위협하기 때문에 이를 끊어 내기 위해 우리나라를 일본과 합친다는 뜻이야. 누가 누구의 안전을 위협한다고? 정작 평화를 깨뜨리고 있는 것은 일본인데 말끝마다 '동양의 평화'를 갖다 붙이다니, 이보다 더 어울리지 않는 말이 또 어디에 있을까?

이렇듯 일본은 동양의 평화를 앞세워 청일전쟁, 러일

전쟁을 일으키고 우리나라의 주권까지 빼앗았어.

주권이란, 나라의 뜻을 최종적으로 결정하는 힘을 뜻해.

일본이 말하는 동양의 평화란 말로만 평화일 뿐이었어. 실제로는 일본이 아시아의 우두머리가 되어 모든 나라를 집어삼키겠다는 속셈이었지. 아시아의 나라들이 독립된 주권을 가지고 평등하게 함께 살아 나가기 위한 것이 전혀 아니었어.

2

강압에 의한 불법 조약, '한일 병합 조약'

1926년 4월 26일, 궁궐 안은 쥐 죽은 듯 고요했어. 순종 황제가 마지막 숨을 힘겹게 몰아쉬고 있었지. 황제의 곁에는 궁내대신인 조정구가 지키고 있었어. 순종 황제는 숨을 거두기 직전 마지막 힘을 다해 유언을 남겼어.

"과인은…… 나라를 일본에 내주는 조약에 절대로 서명하지 않았다……."

하지만 일본은 합법적인 조약에 의해 우리나라를 강제로 병합하고 식민지로 지배했다고 주장하고 있어. 과연 우리나라가 1910년에 일본과 맺은 **한일 병합 조약**은 국제법적으로 유효한 조약이었을까?

전혀 아니야. '한일 병합 조약'은 총칼을 앞세운, 강압에 의해 강제로 맺은 것으로 조약이 체결된 당시부터 무효였어.

19세기 말부터 일본은 미국이나 다른 나라와 맺은 불평등 조약을 바로잡아 개정하려고 애썼어. 다른 한편으로는 우리나라를 침략한 것을 합법화하기 위해 국제법적으로 근거를 만들려고 힘썼지. 일본은 우리나라를 강제로 합쳐서 병합하는 과정에서 '조약'이라는 형식을 취했

어. 그리고 국제 사회의 동의를 얻어 합법적으로 맺은 조약인 것처럼 보이려고 했지.

일본은 1902년에 영국과 손을 잡았어. 우리나라를 완전히 손에 넣기 위해서는 러시아를 막아야 했거든. 인도와 중국을 노리던 영국에게도 러시아는 적이었지. 일본과 영국은 공동의 적인 러시아를 막기 위해 동맹을 맺은 거야. 일본은 미국과도 비밀 협정을 맺었어. **가쓰라-태프트 비밀 협정**이야. 이 협정으로 일본은 우리나라를 침략하는 데 대한 권리를 우선적으로 인정받았어. 그 대신 미국이 필리핀을 식민지로 갖는 것을 슬며시 인정했지.

이제 당시의 최강국인 미국과 영국이 우리나라에 대한 일본의 지배권을 인정해 준 셈이 된 거야. 일본은 러시아와도 강화 조약을 맺어 우리나라에 대한 독점적인 권리를 확고하게 보장받았지.

러일전쟁이 일어난 바로 뒤에 '한일 의정서'를 체결하면서 일본은 우리나라 땅을 마음대로 사용했고. 러일전쟁에서 승리한 뒤에는 을사늑약을 맺어 외교권을 빼앗았지. '억지로 맺은 조약'이라는 뜻에서 '을사늑약'이라고

해. 총칼을 앞세운 일본 군인들의 협박 속에서도 대한제국의 황제는 조약서에 서명하지 않았어.

하지만 을사오적이 조약에 찬성하면서 나라를 팔아먹었지. 을사오적이란, 일본이 을사늑약을 강요할 때 조약을 맺는 데에 찬성한 다섯 명의 대신을 말해. 학부대신 이완용, 외부대신 박제순, 내부대신 이지용, 군부대신 이근택, 농상공부대신 권중현 이렇게 다섯 명이야. 이들은 조약 체결에 찬성한 대가로 일본으로부터 넓은 땅과 많은 돈을 받았어. 이렇게 나라를 팔아먹은 매국노 친일파와 후손들은 돈과 권력을 손에 움켜쥐고 아직도 떵떵거리며 살고 있지.

고종 황제는 국제 사회에 을사늑약이 부당하다는 것을 알리기 위해 만국 평화 회의가 열리는 헤이그에 특사를 보냈어. 이를 트집 잡아 일본은 고종을 강제로 황제의 자리에서 물러나게 했지. 그 뒤에도 끊임없이 우리나라를 힘으로 몰아붙였어. 정미 7조약을 맺어 사법권을 빼앗았고, 대한제국의 군대를 해산하고 경찰권마저 빼앗았지. 일본은 우리나라의 국권을 빼앗기 위한 기반을 차근차근

다져 나갔던 거야.

　물론 우리나라도 가만있지는 않았어. 일본의 침략에 맞서 나라 곳곳에서 **의병**이 들고일어났지. 하지만 일본은 군대와 경찰을 내세워 강한 힘으로 억누르며 철저하게 탄압했어.

　급기야 1910년 8월 22일, 일본은 한일 병합 조약을 강제로 체결해 국권을 빼앗았어. 우리나라를 완전히 손에 넣으려는 일본은 막강한 무력을 앞세워 나라 곳곳의 의병들을 억누른 다음, 순종 황제에게 한일 병합 조약서에 서명하라며 윽박지르고 겁을 주었어. 순종 황제는 거부했지만 결국 총리대신이 된 이완용, 궁내부대신 민병석, 내부대신 박제순 등 친일 대신들의 적극적인 찬성으로 한일 병합이 이루어지고 말았지.

　특히 **이완용**은 모든 조약 체결에서 나라를 가장 어지럽힌 역적이자 나라에 큰 해를 끼친 국적이야. 그는 고종 황제를 위협해 을사늑약에 서명하게 했고, 헤이그 특사 사건 뒤 고종을 퇴위시키고 순종을 즉위시켰어. 1910년 8월에는 총리대신으로 일본과 강제로 병합 조약을 체결

하는 데까지 앞장섰지.

"조선의 문명화, 근대화는 일본의 지배 아래에서만 가능하오."

일본에 나라를 팔아먹은 이들이 입을 모아 한결같이 하는 말이야. 일본이 우리를 침략하면서 했던 변명과 비슷하지.

일본은 우리나라를 강제로 병합하고 이를 기념하는 엽서까지 만들었어. 엽서에는 이토 히로부미를 비롯한 일본 통감들과 총리대신 이완용의 사진이 보란 듯이 들어 있었지. 그리고 우리나라 사람들의 행복과 동양의 평화를 위해 일본국에 병합한다는, 말도 안 되는 이유를 줄기차게 내세웠어. 나라를 빼앗긴 우리나라 사람에게는 슬픔과 아픔만 있었을 뿐, 행복 따위는 없었지.

일본도 한일 병합 조약이 강제로 맺은 조약이었기 때문에 국제법적으로 무효가 될 수 있다는 것을 알고 있었어. 그래서 강제로 조약을 맺었다는 사실을 숨기기 위해 갖은 애를 썼지. 하지만 아무리 애를 써도 진실은 숨길 수 없었어. 조약에 아주 중요한 결함이 있었거든. 문서에 이름이 없어서 조약인지 협약인지 알 수 없었고 체결권자의 조항에도 문제가 있었어. 체결권자란, 계약할 권리를 가진 사람을 말해. 일본 쪽의 한일 병합 조약서에는 천황의 국새가 찍혀 있고 '무쓰히토'라는 일본 왕의 서명이 있어. 하지만 우리 쪽에는 국새 대신에 '칙명지보'라는 어새가 찍혀 있고 황제의 이름인 '이척'도 서명되어 있지 않아.

 무엇보다도 중요한 것은 총칼을 앞세운 공포스러운 분위기 속에서 조약이 체결됐다는 점이야. 일본은 우리나라의 국왕과 대신들이 스스로 찬성한 것처럼 만들었어. 황실과 대신들에게 조약에 찬성하고 협력하면 높은 지위와 큰 재산을 주겠다며 꼬드겼지. 한일 병합 조약은 이렇게 시작해.

제1조 한국 황제는 한국 전부에 관한 모든 통치권을 완전하고 또 영구히 일본국 황제에게 넘긴다.
제2조 일본 황제는 이를 수락하여 한국을 일본 제국에 병합하는 것을 승낙한다.

우리나라 황제가 대한제국의 통치권을 일본에 넘겨주고 일본 황제가 병합을 승낙한다니, 조약의 내용만 읽어도 부글부글 화가 나.

결국 한일 병합 조약은 일본의 치밀한 계획 속에 강제로 맺어진 불법 조약이었어.

대한제국의 황제로부터 백성들에 이르기까지 온 힘을 다해 맞서 싸운 모든 사람을 군대의 힘으로 짓누르고 억지로 이루어 낸, 제국주의의 횡포였지. 의롭지도 정의롭지도 않은, 말 그대로 **침탈**이었어.

3

조선의 토지를 장악하라, 토지 조사 사업

어느 시골 마을에 웬 사람들이 여기저기 측량대를 탁탁 세우고 막대기를 꽂으면서 바쁘게 돌아다니고 있었어. 바로 조선 총독부 관리들이었지. 1910년 일본이 우리나라를 강제로 병합한 뒤부터 마을 곳곳에서 총독부 관리들이 땅의 넓이를 재며 측량하고 다녔어. 전국적으로 **토지 조사 사업**이 시작된 거지.

총독부는 식민지를 다스리기 위해 설치한 최고 행정 기관이야. 조선 총독부는 1910년부터 1945년까지 일제 강점기 때 우리나라를 지배하기 위해 만들어졌어. 식민지 통치의 중심이 되는 기관으로 입법, 사법, 행정뿐만 아니라 군대까지 움직일 수 있는 막강한 권한을 휘둘렀지. 총독은 이곳에서 국가에 대한 거의 모든 일을 맡아 했어.

그렇다면 총독부는 왜 토지 조사 사업을 벌였을까? 겉으로는 우리나라의 근대적 토지 소유권을 확립하기 위한 것이라며 마치 좋은 일을 하는 것처럼 떠벌렸어. 하지만 사실은 전혀 그렇지 않았지.

일본은 우리나라의 토지를 빼앗기 위해 대규모의 토지 조사 사업을 벌인 거야.

일본은 우리나라를 강제로 병합하기 전부터 토지 조사 사업을 준비하고 있었어. 그리고 우리나라를 병합하자마자 곧바로 토지를 조사한다면서 전국을 헤집고 다녔지. 우리나라의 땅은 누가 주인인지 문서에 분명하게 쓰여 있지 않아서 조사해야 한다는 이유를 내세웠어. 사실과 다른 거짓말이었지.

원래 대한제국은 다른 나라 사람이 토지를 갖거나 사고파는 것을 금지했어. 돈이 많은 외국인이 쉽게 우리나라의 땅을 사는 것을 막기 위해서였지. 하지만 **통감부**는 이런 제도를 아예 무시했어. 통감부는 1906년부터 1910년까지 대한제국을 감독하고 침략할 준비를 하기 위해 만든 관청이야.

통감부에서는 외국인이 우리 토지를 갖는 것을 허용했

어. 토지에 대한 권리를 바꾸고 증명할 수 있는 절차도 마련했지. 우리나라 안에서 합법적으로 외국인이 토지를 소유하고 거래할 수 있도록 바꾼 거야. 이를 바탕으로 외국인, 특히 일본 사람이 우리나라 안에서 토지를 가지고 거래할 수 있는 권리를 인정받게 되었어.

  이 모든 것은 일본이 우리나라를 안정적으로 지배하고 일본 사람들이 우리나라에 건너와 자리를 잡고 잘살게 만들기 위해서였어. 우리가 가지고 있던 원래의 토지 제도나 법은 일본이 마음대로 다스리는 데 방해되었거든. 일본은 우리나라를 식민지로 삼은 다음, 쉽게 지배하기 위해 토지 조사를 먼저 했던 거야.

  조선 총독부는 우리나라를 강제로 병합한 직후에 임시 토지 조사국을 설치해 토지 조사 준비를 시작했어. 일본이 중요하게 생각한 것은 두 가지였어.

  첫째는 토지의 소유권자, 곧 토지에 대한 권리를 가진 사람을 분명히 하는 것이었어. 이들이 곧 세금을 내는 사람이었기 때문이지. 그런데 이때 땅주인이 직접 신고를 해야 땅에 대한 권리를 인정받을 수 있었어. 이 사실을 잘 몰라서 신고를 못 하거나 하지 않았던 수많은 사람들이 조선 총독부에게 땅을 빼앗겼지.

총독부 관리들은 토지를 측량하고 조사하러 다니면서 수많은 땅에 온갖 구실을 붙여 교묘하게 '주인 없는 땅'으로 만들기도 했어. 대한제국의 황실과 관청이 가지고 있던 토지는 무조건 '주인 없는 땅'이 되었어. 토지 문서가 없거나 주인이 분명하지 않은 공유지나 오래된 땅도 '주인 없는 땅'으로 기록되었지. 버려진 황무지를 일구어 농사를 짓고 있던 농민들도 어김없이 땅을 빼앗겼어. 수많은 농민이 조상 대대로 내려온 땅을 눈앞에서 억울하게 빼앗긴 거야.

둘째는 토지의 가격을 명확히 하는 것이었어. 토지의 가격은 곧 땅에 대한 세금을 위한 기초 자료였어. 조선 총독부는 토지 조사 사업을 통해 안정적으로 세금을 거둘 수 있는 토대를 마련한 거야.

토지 조사 사업을 하면서 총독부의 토지는 엄청나게 늘어났어.

 땅을 열심히 갈고 개간해서 농사를 짓는 땅이 늘어난 걸까? 아니야. 이전의 토지 대장에서 빠진 토지까지 포함시켜 세금을 내게 할 땅을 늘렸기 때문이야. 조선 총독부는 땅에 대한 세금으로도 어마어마한 돈을 거둬들였어.

 일본은 토지 조사 사업으로 우리나라를 식민지로 마음껏 지배할 수 있는 기반을 다졌어. 그것도 자기 나라에서 자본을 가져온 것이 아니라 우리나라 사람들의 세금으로 말이야.

 또한 토지 소유권이 법적으로 보장되면서 일본 사람들과 지주들의 토지는 점점 늘어났어. 조선 총독부는 우리나라로 이민을 오는 일본 사람에게 싼값에 땅을 팔았어. 덕분에 일본에서 어렵게 살았던 사람도 우리나라에 오면 땅 부자가 되어 남부럽지 않게 살 수 있었지. 반대로 억울하게 땅을 빼앗긴 우리나라 농민들은 땅을 빌려 농사를 짓는 **소작농**의 신세가 되고 말았어. 우리나라 농민들은 땅을 빼앗기고 하루하루 힘들게 살아갔지만, 더 많은 땅을 갖게 된 지주들과 일본 사람들은 조선 총독부의 보호를 받으면서 떵떵거리며 살게 된 거야.

그 뒤 일본은 쌀 생산을 늘리겠다며 **산미 증식 계획**을 실시했어. 이를 두고 어떤 사람들은 일본이 우리나라를 지배하면서 쌀 생산이 늘어났고 살기 좋아졌다고 주장하기도 해. 정말로 일제 강점기에 우리나라 사람들의 식생활은 나아졌을까?

한마디로 터무니없는 주장이야. 일본이 정말 우리나라의 쌀 생산을 위해 노력했을까? 늘어난 쌀로 우리나라 사람들은 배불리 먹을 수 있었을까?

1920년대에 들어 일본 국내에 쌀이 부족해지면서 식량 문제가 생겼어. 그러자 우리나라의 쌀 생산을 늘려서 일본의 문제를 해결하기 위해 '산미 증식 계획'을 실시했던 거야.

일본은 수리 시설을 고쳐서 밭을 논으로 바꾸고 농민들을 닦달했어. 그 결과 쌀 생산량이 늘었지. 하지만 우리

농민들이 힘들게 농사지은 쌀은 대부분 일본이 가져갔어. 값싸게 일본으로 흘러간 쌀로 일본 국민들만 배불리 먹었지. 그에 비해 우리나라 농민들은 쌀이 없어서 굶주려야 했어. 굶주리다 못해 나라를 떠나 만주로 가기도 했지. 이들이 탄 열차를 기민 열차, 곧 버려진 사람을 태운 열차라고 불렀어.

**산미 증식 계획은
일본이 우리나라를 식량 공급지로
만들기 위해 실시한
식민지 농업 정책이었어.**

결국 토지 조사 사업에서 산미 증식 계획까지, 일본은 우리의 토지를 약탈하고 세금을 마구 거둬 갔으며, 우리나라를 일본에 식량을 공급하기 위한 기지로 만들어 버린 거야.

4

민족을 분열시켜라, 문화 통치

"대한독립 만세!"

"자주독립 만세!"

　1919년 3월 1일, 수천 명의 우리나라 사람들이 너도나도 품에서 태극기를 꺼내 들고 소리 높여 외쳤어. 일본은 무기도 없이 평화적으로 시위를 벌이는 사람들을 향해 총을 쏘고 칼을 휘둘렀지. 그 뒤 곳곳에서 독립 만세 운동이 끊임없이 일어났어. 만세 운동이 계속되면서 독립을 향한 우리 민족의 마음은 일본의 총칼 앞에 잦아들기는커녕 더욱 강해졌어.

　우리의 강력한 저항에 일본은 흠칫 놀라 통치 정책을 바꿨어. 그전까지는 무조건 총과 칼을 앞세워 사람들의 자유를 억누르고 금지하는 **무단 통치**를 펼쳤지.

> 무단 통치란, 군대나 경찰 따위의 무력으로 행하는 정치를 뜻해.

　무단 통치 아래에서는 함께 모여 집회나 시위를 벌이거

나 민족 단체를 만들거나 신문을 펴내는 등, 그 어떤 일도 할 수 없었어. 이를 어기면 일본은 언제라도, 어디에서라도 잡아가서 마음대로 처벌할 수 있었지.

일본은 이런 억압적인 통치 정책이 오히려 우리나라 사람들을 자극해 들고일어나게 만들었다고 생각했어. 그래서 3·1 운동 이후에는 '문화'적인 통치 정책을 새롭게 내놓았지. 그리고 이 정책을 스스로 **문화 통치**라고 불렀어. 그런데 이름 그대로 일본은 정말 문화적인 통치를 했을까? 정말 식민 통치 정책이 바뀌었을까?

아니, 전혀 그렇지 않아. '문화'라는 이름을 앞에 내세우기만 했을 뿐, 더욱더 교묘한 속임수로 우리 민족을 무자비하게 억눌렀거든.

3·1 운동의 거센 물결 후 조선 총독으로 사이토 마코토가 새로 부임했어. 일본은 어떻게든 3·1 운동에서 강렬하게 불타오른 조선 사람들의 저항 정신을 약하게 만들 생각이었지. 그래서 무관 대신 '문관'을 보낸다는 원칙을 세웠어. 하지만 그는 무늬만 문관이었어. 해군 대장 출신이었거든. 그가 경성역에 도착하자 **강우규 의사**는

식을 줄 모르는 저항 정신으로 폭탄을 던졌어. 새 총독은 조선에 오자마자 우리 민족의 뜨거운 독립 의지를 확실히 느꼈을 거야.

사이토 총독은 우리나라 사람들의 마음을 가라앉히고자 곧바로 '무단 통치' 대신 '문화 통치'를 내세웠어. 겉으로는 아주 그럴듯했지. 우리나라 사람들도 관리로 뽑고 민족 차별도 없애겠다고 하고 언론, 출판, 집회의 자유도 인정한다고 했거든. 그리고 교육, 산업, 교통, 경찰, 위생, 사회 제도를 개선하고 조선의 문화와 관습을 존중하겠다고 약속했지. 우리나라 사람들의 말에 귀 기울이며 산업, 문화 등의 발전을 꾀하는 정책을 펼치겠다고도 했어. 이와 더불어 '문화 통치'라는 이름에 걸맞게 헌병 경찰 제도를 없애고 **보통 경찰제**로 바꾸었어.

하지만 이 모든 약속이 제대로 지켜졌을까? 그럴 리가 없었어. 이전의 '헌병'은 문화 통치 아래에서 '경찰'로 자리만 바꿔 옮겨 앉았을 뿐이야. 오히려 병력은 훨씬 늘어났어. 1919년 이전에 경찰관서가 751개였는데 1920년에는 2,716개로 3배 이상 늘어났지. 1918년에 5,400명이었던 경찰이 1920년에는 1만 8천여 명으로 3배 이상 늘었어. 또 겉모습은 보통 경찰이었지만 실제로는 더욱더 막강해진 권력을 앞세워 민족 운동가들은 물론 일반 사람들까지 억압했지.

이런데도 일본이 문화적으로 우리나라 사람들을 잘 통치했다니 정말 기가 찰 노릇이야.

일본은 겉으로는 우리나라 사람들에게 자유를 주는 것처럼 꾸미고 안으로는 더욱 철저하게 통제하고 감시했어.

사람들이 모여 단체를 만드는 일이나 신문을 펴내는 일, 교육하는 일 등을 허용하기는 했어. 〈조선일보〉, 〈동아일보〉 등의 신문과 〈창조〉, 〈폐허〉, 〈백조〉 등의 잡지도 펴낼 수 있게 해 주었지. 하지만 여럿이 모여 집회를 할 때는 미리 총독부에 신고해 허가를 받아야 했어. 또 단체를 만들기 전에 단체에서 어떤 활동을 할 것인지, 어떤 의견

을 낼 것인지 등을 자세하게 써내야 했지. 단체를 만든 뒤에는 단체에서 어떤 일을 하고 있는지, 무슨 내용인지 보고해야 했고 항상 경찰의 감시도 받아야 했어. 또 신문을 발행하기 전에 모두 **검열**을 받아야 했어. 일본에 대해 조금이라도 나쁘게 쓰거나 비판하는 기사라면 여지없이 삭제해야 했지.

문화 통치 아래서 겉으로는 이전과 달리 우리나라 사람의 활동이 활발해지고 다양해진 것 같아 보였어. 하지만 사실 이 모든 일은 조선 총독부의 허가를 받고 나서 시도 때도 없이 보고하고 철저하게 감시를 받아야만 간신히 할 수 있는 일이었지.

이런 가운데 조선 총독부가 힘을 기울인 것 중의 하나가 **서양의 비난 여론**을 잠재우는 것이었어. 일본이 평화적인 3·1 운동을 폭력적으로 탄압하고 선교사들을 박해하면서 여론이 나빠져 있었거든. 그래서 일본은 10년 동안 행해진 식민 통치가 얼마나 성공적이었는지 널리 알리려고 애썼지.

3·1 운동을 비롯한 민족 운동은 아무런 효과가 없었다면서 조선 사람들은 스스로의 힘으로 독립할 능력이 없다는 것을 강조하고 선전하며 교육했어.

무엇보다도 사이토의 대표적인 정책은 **친일파 육성**이었어. 친일파를 키운다고? 도대체 이게 무슨 어이없는 일인가 싶지? 일본은 오래전부터 친일파를 만들고 친일 단체를 만들어야겠다고 생각했어. 조선 총독부는 '일본을 위해 신명을 바쳐 일할 사람'을 찾아 되도록 많은 친일파를 길러내는 정책을 펼쳤지. 총독부의 사이토 마코토 문서 속에서 찾은 〈조선 민족에 대한 대책〉에 그 내용이 낱낱이 드러나 있어.

일본은 우선 조선 사람 중에 일본과 같은 생각을 가지고 일본을 위해 열심히 일할 만한 사람을 눈에 불을 켜고 찾았어. 그 사람을 친일파로 키워서 귀족, 양반, 유생, 부자, 실업가, 교육가, 종교가 등 다양한 친일 단체를 만들게 할 생각이었어. 큰 특혜와 관직을 주고 풍요로운 생활을 누릴 수 있게 해 주면서 열심히 활동하게 만들겠다는 계획이었지.

일정한 직업 없이 사는 사람, 양반이나 유생 중에서 형편이 어려운 사람에게 도움을 주는 척 손을 뻗어 일본을 위해 일하게 만들었어. 사업을 하며 돈을 버는 자본가나 일하는 노동자, 땅을 많이 가진 지주나 땅을 빌려 농사를 짓는 소작인 중에도 친일파를 만들었지. 그리고 비밀 기관을 만들어 각종 선전을 하면서 독립운동을 하는 사람뿐 아니라 일반 사람들도 일본을 무서워하고 벌벌 떨게 만들었어.

이렇게 키워진 친일파는 교풍회, 국민협회, 대동동지회 등 친일 단체를 만들어 일본에 유리한 **친일 여론**을 만들었어. 이들은 엄청난 돈과 땅을 주는 일본에 고마워하면서 시키는 일은 뭐든지 했지.

더욱 화가 나는 점은 이들이 독립운동을 파괴하려고 했다는 거야. 친일파는 독립운동에 대한 정보를 몰래 모으고 독립운동이 진행되는 상황을 살피며 일본에 보고했

어. 독립운동가를 찾아내어 온갖 방법으로 동지를 배신하도록 만들거나 일본에 밀고했지.

일본은 어마어마한 돈을 들여 수많은 **밀정**을 고용하기도 했어. 밀정을 이용해 독립운동을 뿌리째 뽑으려고 안간힘을 썼지.

이러한 교묘한 문화 통치 속에서 **민의 창달**이라는 말이 유행했어. '국민의 뜻을 자유롭게 표현하고 전달하겠다'는 것인데, 민족 운동을 하는 우리나라 사람들을 분열시키는 데 매우 효과적이었지.

앞에서 말했듯이 일본은 단체와 신문, 잡지 등을 허용했고, 특히 우리나라 사람도 선거하고 투표할 수 있는 권리 등을 줄 것처럼 선전해서 마음을 혹하게 만들었어. 일부 민족 운동가들은 마음이 흔들려 분열되는 일도 있었지.

하지만 일본이 정말 우리에게 여러 가지 권리를 주었을까? 전혀 아니야. 일본은 우리나라 사람에게 정치에 참여할 권리를 줄 생각이 전혀 없었어. 일본은 패망할 때까지 자신들이 한 약속을 단 한 번도 지킨 적이 없었지.

3·1 운동 이후 일본은 문화적으로 통치하기는커녕 오

히려 식민 지배에 저항하는 단체나 인물에 대해 강력한 경찰력과 **치안 유지법**으로 철저하게 억압했어. 치안 유지법은 1925년에 일본에 맞서는 반체제 운동을 탄압하기 위하여 만든 법이야.

결국 조선 총독부의 문화 통치는 우리 민족 운동의 힘을 약하게 만들고 독립을 향한 투쟁의 의지를 꺾기 위한 술책이자 속임수에 불과했어.

일본은 우리 민족이 서로 미워하고 감시하게 하면서 한데 뭉치지 못하도록 훼방을 놓았지. 한마디로 문화 통치는 우리 한민족을 둘로 가르는 것도 모자라 갈기갈기 찢어 놓으려는 **민족 분열 정책**이었어.

5

처절하게 학살당한 조선 민중들

1919년 4월 15일, 일본군이 갑자기 마을 사람을 교회로 모이게 했어. 이유도 모른 채 수십 명의 사람들이 교회로 하나둘 모여들었지. 마지막 사람이 교회 안으로 들어가자 일본군은 문을 쾅 닫았어. 그리고 문을 굳게 걸어 잠그고 교회에 불을 질렀지. 사람들이 밖으로 나오지 못하게 총까지 쏘았어. 사람들은 울부짖으며 밖으로 나가려고 애썼지만 소용없었어. 이렇게 아무 죄도 없는 사람들이 참혹하게 죽임을 당했지. 경기도 화성시 향남면 제암리에서 있었던 일이야.

3·1 운동 이후 전국적으로 만세 운동이 계속 벌어지고 있었어. 일본군은 이에 대한 화풀이로 마을 사람을 죽이고 교회와 집까지 불태운 거야. 이 일을 **제암리 학살 사건**이라고 해.

제암리 학살 사건 이전에도 일본은 동학 농민 전쟁과 의병 전쟁에서 수없이 많은 조선의 백성을 무자비하게 해쳤어. 무기 없이 만세 시위를 벌이는 사람들을 향해서도 마구 총을 쏘았지. 비폭력 시위인데도 불구하고 군대와 경찰을 앞세워 총칼로 탄압한 거야.

독립운동가 박은식이 쓴《한국독립운동지혈사》에 따르면 3·1 운동에 대한 일본의 탄압으로 7,509명이 죽었고, 15,961명이 다쳤으며 46,948명이 체포되었다고 해. 수많은 소중한 목숨이 일본에 의해 쓰러진 거야.

일본은 조선 안에서만 끔찍한 학살을 저지른 것이 아니야. 러시아의 연해주를 비롯해 중국에서도 학살을 서슴지 않았지.

1920년 4월에는 일본군이 연해주에 있는 신한촌을 습격해 사람들을 학살했어. 신한촌은 우리나라 사람들이 많이 모여 살던 곳이야. 일본은 한 달 동안이나 수많은 한인과 우리나라 지도자들을 마구 해쳤어. 러시아에서 일본인이 입은 피해에 대한 보복으로 벌인 일이었지. 이 사건을 **4월 참변**이라고 해.

그해 10월, 어느 평화로운 마을에 난데없이 일본군이

들이닥친 것은 어슴푸레한 새벽이었어. 소리 없이 마을로 숨어 들어온 일본군은 초가지붕에 불을 붙인 뒤 놀라서 뛰어나오는 사람들을 향해 총을 마구 쏘았어. 남자, 여자, 어린아이, 노인 할 것 없이 일본의 총탄에 맞아 쓰러졌지. 여기저기에서 비명소리가 터져 나왔어. 무자비한 일본군의 학살은 1920년 10월부터 6개월 동안이나 계속되었어. 수천 명의 우리나라 사람들이 목숨을 잃었고 그들이 살던 마을은 불에 타 쑥대밭이 되었지. 간신히 살아남은 사람들의 처절한 울음소리가 온 하늘과 땅을 뒤덮었어.

이 사건이 바로 **간도 참변**이야. 간도에서 마을을 이루어 살던 우리나라 사람들이 일본군에게 무차별적으로 학살을 당한 사건이지. 일본군은 **독립군**을 토벌한다는 이유로 그 지방에 터를 잡고 살던 죄 없는 우리나라 사람들을 상대로 학살을 벌였어. 사실은 독립군과의 전투에서 진 화풀이를 한 것이었지.

이 소식은 **연해주**와 **간도** 등에 가족을 두고 온 독립군에게도 전해졌어. 독립군들은 일본에 대한 끓어오르는 분

노와 가족을 잃은 크나큰 슬픔이 더해져 나라를 되찾아야겠다는 의지가 더욱 불타올랐지.

중국의 동북 지방인 만주와 러시아의 연해주에는 일본에 맞서서 항일 무장 투쟁을 벌이는 독립군이 많았어. 일본은 대규모 군대를 보내 독립군도 학살했어. 모든 시설이나 물자를 이용할 수 없게 하고 그 누구도 독립군을 도와주지 못하도록 모조리 파괴하거나 불을 질렀지. 한마디로 **초토화 작전**을 밀고 나간 거야.

그때 출동한 일본군의 보고에 따르면 일본군은 우리나라 사람을 **불령선인**이라고 부르고 마음대로 총이나 칼로 죽였어. 불령선인이란, '불온하고 불량한 조선 사람'이라는 뜻이야. 일본 제국주의자들이 자기네 말을 따르지 않는 우리나라 사람을 이르던 말이지. 그뿐만 아니라 체포한 사람들을 차디찬 감옥에 가두고, 차마 말로 할 수 없을 정도로 잔인한 방법으로 고문하고 죽게 만들었지.

이것으로 끝이 아니었어. 우르릉 쾅! 천지를 뒤흔드는 요란한 굉음 소리와 함께 땅바닥이 쩍쩍 갈라지면서 건물이 무너졌어. 1923년 9월 1일, 일본의 간토 지방에서 대지진이 일어난 거야. **간토 대지진**으로 수많은 사람들이 목숨을 잃고 삶의 터전이 무너지는 등 일본은 큰 피해를 입었어. 이 때문에 사회 분위기가 어수선하고 흉흉해지면서 정부에 대한 일본 사람들의 불만과 분노가 점점 커졌지. 그때 이상한 소문이 퍼지기 시작했어.

"조선 사람들이 우물에 독을 탔다! 약탈과 방화를 하고 다니고 있다!"

일본 국민과 똑같이 큰 지진을 겪고 피해를 입은 조선 사람이 우물에 독을 타고 불을 지르며 물건을 빼앗고 다닌다니, 말도 안 되는 이야기였어. 아무 근거도 없이 퍼진 헛소문이었지만 일본 사람들은 사실이든 아니든 상관없었어. 솟구치는 불만과 분노를 터뜨릴 희생양만 있으면 되는 것이었지.

정부로 향하던 일본 국민의 분노는 조선 사람에게 향했어. 왜 이런 일이 생겼을까?

국민의 불만을 다른 데로 돌리기 위해 일본 정부가 유언비어를 퍼뜨렸던 거야.

결국 일본 국민의 분노는 봇물처럼 터지고 말았어. 일본 경찰과 군대 그리고 일본 주민들이 마을을 지키기 위해 스스로 만든 단체인 <u>자경단</u> 등에 의해 많은 조선 사람이 일본 땅 한복판에서 잔인하게 학살되었어.

이렇게 수많은 사람을 학살했는데도 일본은 우리나라를 식민지로 지배할 때 그런 일은 없었다며 자랑처럼 떠들어 댔어. 어때, 일본이 하는 말은 새빨간 거짓말이라는 것을 이제 잘 알겠지?

또 일본은 우리나라를 지배한 것이 정당했다고 선전하기 위해 떠벌렸어. 당시에 일본은 조선과 서구 제국주의 나라들의 식민지를 비교하면서 지배의 정당성을 드러내 보이려고 애썼거든.

일본은 우리나라를 지배하는 동안 얼마나 많은 사람들을 해쳤는지 몰라. 독립운동가와 독립군, 동학 농민군,

의병은 물론, 민간인까지 말이야. 일본이 저지른 학살은 일일이 다 말하기도 힘들어.

일본이 많은 우리나라 사람을 학살했다는 것은 분명한 역사적 사실이라는 걸 절대로 잊지 마.

6

우리가 열등한 민족이라고?

1932년의 어느 날, 전라북도 군산에서 고물상을 하는 김 씨는 일본인 가게에 물건을 사러 갔어. 그런데 가게 문을 열자마자 다짜고짜 달려드는 개에게 물릴 뻔했지. 그 모습을 보고 가게 주인이 뭐라고 한 줄 알아?

　"허허, **요보**가 왔다고 친구라고 인사하는구나. 쯧쯧, 요보 머리는 개와 그리 다르지 않지."

　'요보'는 '조센징'처럼 조선인을 업신여기고 낮춰 부르는 말이야. 일본 사람들은 이 말을 입에 달고 살았어.

　"두부 사세요!"

　경상남도 마산에서 두부를 파는 박 씨는 거리를 돌아다니며 소리 높여 외쳤어. 어느 으리으리한 일본인 집 앞을 지날 때였어. 일본인 부인이 창밖으로 고개를 빼꼼히 내밀었어. 그러고는 얼굴을 있는 대로 찡그린 채 코를 꽉 싸쥐고 말했지.

　"당신 같은 요보가 파는 냄새 나는 두부를 누가 사 먹겠어? 어휴, 여기까지 냄새가 진동하네. 어서 치우지 못해!"

　충청남도 대전에 사는 이 씨는 일본인이 운영하는 쌀집

에서 6년 동안이나 열심히 일했어. 하지만 그동안 일한 급료를 제대로 받지 못했지. 그러던 어느 날, 이 씨는 더 늦기 전에 독립해야겠다고 결심하고 주인에게 밀린 급료를 달라고 말했어. 그러자 주인이 혀를 끌끌 찼어.

"건방진 놈, 돈도 없는 요보 주제에 독립하겠다고? 멍청한 놈이 일도 못 하면서 장사를 하겠다고?"

결국 일본인 주인은 급료를 한 푼도 주지 않은 채 이 씨를 내쫓았어. 이 씨는 별 말도 하지 못하고 떠밀리듯 쫓겨났지. 이 씨는 조선인이라고 무시하며 하찮게 대하는 건 정말 너무하다며 울분을 토했어.

이 모든 일은 조선 사람을 얕보고 차별한 예야.

누군가가 나보다 훨씬 뛰어나다는 것을 알게 되면 마음이 어떨까? 주눅이 들고 자신 없어질 거야. 일본은 이런 사람의 마음을 교묘하게 이용했어.

19세기 중엽, 일본은 드넓은 대륙을 침략할 꿈을 꾸기 시작했어. 중국 대륙을 손에 넣기 위해 조선을 먼저 침략할 생각이었지. 일본은 우리 역사를 연구하면서 대륙 침략에 필요한 정보를 모았어. 중심적인 역할을 한 곳이 **동경 제국 대학**이야. 이곳을 중심으로 조선은 역사적으로 침략을 받아 마땅하고, 일본은 조선을 이끌고 다스릴 위치에 있다는 말도 안 되는 논리를 만들어 내기 시작했지.

이러한 역사 연구는 1910년 일제 강점기 이후에 본격적으로 추진되었어.

일본은 군사적, 경제적인 것뿐만 아니라 문화적, 역사적으로도 조선보다 늘 위에 있었다고 꾸몄어.

이를 통해 우리나라 사람에게는 일본보다 못하다는 열등 의식을, 일본 사람에게는 조선보다 낫다는 우월 의식을 심어 주려고 했지. 일본은 우리가 역사와 전통을 자랑스럽게 여긴다는 것을 잘 알고 있었거든.

식민 사관이란, 한 나라가 스스로의 힘으로는 아무것도 해낼 수 없어서 다른 나라에 모든 것을 도움받았다고 보는 역사의식이야.

식민 사관은 일본의 식민 지배를 뒷받침하는 역사의식이야. 우리나라 사람들이 우리 역사에 대한 자부심과 긍지를 갖지 못하게 만들어서 일본의 지배와 통치를 당연하게 여기도록 만든 거지. 그렇게 우리나라 사람들의 독립 의지를 아예 뿌리 뽑으려고 했어.

일본은 우리나라가 발전하거나 앞으로 나아가지 못하고 한자리에 머물러 있는 정체된 나라라고 했어. 조선이 일본보다 천 년 정도 뒤떨어져 있으니 선진국인 일본이 후진국인 조선을 다스리는 것은 자연스럽고 당연한 일이라고도 했지.

일본과 조선은 같은 조상을 가졌고 고대부터 일본이 한

반도를 다스려 왔다는 주장도 했어. 일본 사람과 조선 사람은 언어나 몸집, 외모가 서로 비슷하다는 점을 강조했지. 하지만 같은 조상을 가졌다는 것이 조선과 일본이 평등하다는 뜻은 아니었어. 같은 조상을 가졌지만 일본이 한반도를 다스렸다는 주장으로 이어 갔지.

또 일본은 조선 시대의 당파 싸움을 우리나라 사람들의 나쁜 민족성으로 몰았어. 조선이 일본의 식민지가 된 것은 당파로 나뉘어 싸우던 민족성 때문이라며 식민 통치는 정당하다고 주장했지.

모두 하나같이 일본의 억지스러운 주장이야.

일본 사람 중에는 우리나라 사람을 낮잡아 보는 사람들이 있어. 어쩌면 역사적으로 이어져 내려온 끈질긴 악습이라고 볼 수 있지. 그런데 일제 강점기에 이루어진 식민 사관과 조선인을 비하하는 것은 국가 차원에서 이루어졌어. 일본 정부가 적극적으로 나서서 우리나라 사람은 스스로 아무것도 할 수 없는 무능력하고 열등한 민족이라는 거짓말을 널리 퍼뜨린 거야.

일본은 왜 이런 거짓말을 꾸며 낸 것일까? 우리나라 사

람이 못나고 능력 없어 보여야 식민 지배를 받는 것이 정당하다고 선전하기 좋았기 때문이야.

일본은 이를 위해 학자들에게 우리나라 사람의 성격과 민족성을 다룬 책까지 쓰게 했어. 책에 뭐라고 썼는지 한번 볼래?

> 조선인은 어떤 사상을 받아들이고 자신의 것으로 인정하게 되면 이를 끝까지 고집하고 기꺼이 그 권력 아래에 있고자 한다. 옛 법을 바꾸려고 하지도 새 법을 세우려고 하지도 않는다. 그들은 더 낫게 고치고 개혁할 줄도 모르며 그렇게 할 생각도 없다. 또한 조선인의 모든 사상은 지나, 곧 중국에 속해 있다. 조선인의 독창적인 사상은 하나도 없다.

우리나라 사람들은 고집만 부리고 아무 힘 없이 권력 아래에서 살려고 한다고? 우리나라의 독창적인 사상은 하나도 없다고? 우리나라 사람들이 정말 아무런 생각도 힘도 없이 무능력하다고?

다시 강조하지만, 일본이 우리나라와 우리의 민족성을

업신여긴 것은 우리나라가 독립할 능력이 없다는 것을 계속 되풀이해서 독립 의지 자체를 없애 버리려고 한 거야. 일본은 국가적 차원에서 우리나라에 대한 부정적인 이미지를 만드는 동시에, 식민 지배의 정당성을 확보하려고 했어. 그러면서 우리나라 사람 스스로 자신을 비하하는 마음까지 갖게 만들었지.

　우리나라 사람이 못났다는 것은, 일본 사람은 잘났다는 생각으로 이어졌어. 일본은 이렇게 열등한 우리나라에 자비를 베풀어 다스려 주는 거라고 선전했어. 정말 생각하면 생각할수록 기가 막히는 일이야.

7

천황의 신민으로 살아라

"와타쿠시도모와 다이닛폰테이코쿠노 신민데아리마스."

1930년대 후반, 어느 **보통학교**의 운동장에서 일본어가 또랑또랑한 목소리로 울려 퍼지고 있었어. 보통학교는 일제 강점기에 우리나라 사람들에게 초등 교육을 하던 곳으로 지금의 초등학교야.

운동장에는 수많은 어린 학생들이 줄을 착착 맞춰 차려 자세로 서 있었어. 머리에는 선명한 빨간색의 일본 국기가 그려진 띠를 질끈 동여매고 있었지. 학생들은 행여라도 틀릴까 봐 잔뜩 긴장한 채 일본어로 뭔가를 외우고 있었어. 학생들 앞에는 커다란 몽둥이를 든 일본인 선생님들이 날카로운 눈빛으로 학생들 한 명 한 명의 입을 노려보고 있었지. 당시의 모든 학교에서 학생들은 매일 아침마다 운동장에 모여 이것을 외웠어.

도대체 무슨 일이냐고? '이것'이 뭐냐고? 보통학교 학생들이 외우고 있는 것은 바로 **황국 신민 서사**였어. '우리들은 대일본 제국의 신민입니다'라는 말로 시작하는 황국 신민 서사는 일본이 우리나라 사람들에게 외우라고 강요한 글이었지.

황국 신민이란, 일제 강점기에 천황이 다스리는 나라의 신하 된 백성이라는 뜻으로 일본이 자기 나라 국민을 이르던 말이야.

어린 학생들은 무슨 말인지, 어떤 내용인지도 모르고 몽둥이를 든 선생님이 하라는 대로 벌벌 떨며 이 글을 외워야 했어. 한 글자라도 틀리거나 잘못 발음하면 손바닥과 뺨에 피멍이 들도록 매를 맞았지.

**우리들은 마음을 합하여 천황 폐하에게 충성을 다하겠습니다.
우리들은 참고 단련하여 훌륭하고 강한 국민이 되겠습니다.**

황국 신민 서사는 일본의 천황에게 충성을 다하겠다고 맹세하는 내용으로 이루어져 있어. 일본은 우리나라 사람에게 천황의 신민, 곧 충성스러운 신하가 되라고 한 거야. 왜 우리가 일본의 천황에게 충성을 바치는 신하가 되어야 하는 거지?

긴장된 분위기 속에서 황국 신민 서사를 외우는 아침 조회가 무사히 끝났어. 그제야 학생들은 몰래 안도의 한숨을 내쉬었어. 조금이라도 틀렸다가는 눈물이 핑 돌도록 엄청 맞았을 테니까. 하지만 아직 긴장을 늦출 수는 없었어. 해야 할 일이 더 남아 있었거든. 학생들은 일본인 선생님을 따라 어딘가로 줄지어 갔어. 서울 남산에 세워진 조선 신궁으로 **신사 참배**를 하러 가는 길이야.

**신사 참배란 일제 강점기에,
일본이 신사에 절하여
예를 갖추도록 강요한 일을 말해.**

신사는 일본 천황이나 왕실의 조상을 신으로 떠받들어 모셔 놓은 사당이야. 그야말로 조선 신궁은 식민 지배의 상징이었어.

우선 학생들은 손을 깨끗이 씻었어. 그리고 신사를 향해 두 손을 가지런히 모으고 허리를 굽혀 기도했어. 내키

지 않았지만 어쩔 수 없이 신사 참배를 해야 했지. 만일 신사 참배를 하지 않으면 경찰에 끌려가 온갖 고생을 해야 했거든. 일본은 학생들뿐만 아니라 온 나라 사람들에게 신사 참배를 강제로 하게 했어. 신사 참배를 거부하다가 감옥에 갇히고 목숨까지 잃은 사람들이 수두룩했지.

일본은 신사 참배를 강요하면서 우리의 종교와 사상의 자유까지 빼앗아 갔어. 조선 민족의 정체성마저 아예 없애려고 한 거야. 정체성이란, 쉽게 말하면 '나답다고 느끼는 것'이지.

신사 참배를 마치고 돌아오는 길에 한 학생이 다른 학생에게 뭔가 말을 하려다가 흠칫했어. 자신도 모르게 우리말이 튀어나왔거든. 선생님에게 들켰으면 정말 큰일 날 뻔했지.

일본은 학교나 생활 속에서 언제나 일본어를 사용할 것을 강요했어. 일본어를 '국어'로 정한 뒤, 조선어 사용을 금지했지. 뿐만 아니라, 조선어 교육도 못 하게 했고 조선의 역사와 언어를 연구하는 것도 금지했어.

우리말을 연구하고 널리 알리는 **조선어 학회**의 소식을 전하는 잡지인 〈한글〉도 못 만들게 폐간했어. 조선어 학회에서 일하는 사람이나 국어학자들을 잡아가서 '치안 유지법'을 어겼다며 처벌했지. 우리말 연구를 핑계로 독립운동을 벌였다는 죄를 덮어씌웠어. 〈조선일보〉와 〈동아일보〉 등 조선 사람이 만드는 한글 신문도 폐간했어. 한글 신문을 읽으면 우리나라 사람들의 마음에 **민족의식**이 생겨 황국 신민이 되는 것을 방해한다고 생각했기 때문이야.

일본에 의해 우리말과 글마저 쓰지 못하게 되면서 우리나라의 민족 문화는 점점 더 어두워졌어. 조선 사람이 조선말을 쓰지 못하다니, 이런 억울하고 분한 일이 어디 있을까?

"이제부터 내 이름은 가야마 미스로입니다."

소설가 이광수가 자신의 이름을 일본어로 소개했어. 친일파의 길로 들어선 이광수는 자신의 이름을 일본식으로 바꾸는 데 앞장섰지. 자신뿐 아니라 가족 전체가 일본 이름으로 바꾸고 집 안에서도 일본어를 사용하고 있다고 자랑스럽게 말했어.

학교에서 선생님이 출석을 부를 때도 일본 이름으로 불렀어. 자칫 잘못해서 친구들끼리 우리말로 이름을 부르다가 들키면 선생님에게 크게 혼나고 매질을 당했지. 경찰에 끌려가서 몽둥이로 맞으면서 정신 교육을 받아야 할 때도 많았어.

1939년에 일본은 우리나라 사람의 성과 이름을 일본식으로 고치라고 명령했어. 이것을 **창씨 개명** 또는 **일본식 성명 강요**라고 해. 일본 이름으로 강제로 고치라는 명령이 내려지자 우리나라 사람들은 거세게 들고일어났어. 창씨 개명을 절대로 받아들일 수 없다며 반대했지.

하지만 일본은 이름을 일본식으로 바꾸지 않으면 학교에서 공부할 수 없게 만들거나 성적도 터무니없이 낮게 주었어. 교사와 관리들이 앞서서 일본 이름으로 바꾸도록 설득하거나 겁을 주며 강요했지. 창씨 개명을 하지 않은 사람은 일본에 맞서는 불온한 사람으로 몰았어. 죄를 짓지도 않아도 잡아가서 마구 때리고 감옥에 가두었지. 조선 사람이 조선의 이름을 쓰지 못하다니, 사람들은 분통이 터졌어. 하지만 살아남기 위해, 아이들을 지키기 위해 울분을 토하면서 이름을 고칠 수밖에 없었지.

이렇게 일본이 일본 이름을 쓰도록 한 것은 전통과 가문을 중요하게 생각하는 우리 문화를 모조리 없애 버리려는 목적이었어.

황국 신민 서사, 신사 참배, 일본어 사용, 창씨 개명, 이 모든 일들은 **황국 신민화 정책** 아래에서 이루어졌어.

> **황국 신민화 정책은 우리나라 사람을 일본의 왕에게 복종하는 황국 신민으로 새로 태어나게 하려는 정책이었지.**

일본은 일본과 조선이 하나라고 강조했어. 조선 사람도 천황의 충성스러운 백성이 되어야 한다면서 조선 민족의 황국 신민화 정책을 추진했지. 아예 조선 사람을 일본 사람으로 만들어 버리려는 음흉한 속셈을 그대로 드러낸 거야. 결국 황국 신민화 정책은 우리 민족 자체를 완전히 없애 버리려는 **민족 말살 정책**이었어.

8

우리 민족을 전쟁터, 공장, 광산으로 총동원한 일본

일본은 우리나라를 손아귀에 넣고 드넓은 대륙으로 나아갈 기회를 호시탐탐 노리고 있었어. 우리나라를 발판 삼아 중국까지 손에 넣을 계획이었지. 그러던 1937년 7월, 일본은 중일전쟁을 일으키고 중국과 본격적으로 맞서기 시작했어. 일본 때문에 한반도는 전쟁의 검은 먹구름이 드리워지고 말았지.

침략 전쟁을 시작한 일본은 우리나라를 전쟁 기지로 만들었어.

식민지인 조선에서 전쟁하는 데 필요한 사람과 물자를 강제로 끌어모았거든. 우리나라를 보급 기지로 삼고 필요한 모든 것을 총동원했지. **총동원 체제**로 들어가게 된 거야.

중일전쟁이 생각보다 오래 계속될 것 같자, 1938년 4월 일본 정부는 **국가 총동원법**을 만들었어. 나라의 모든 사람과 물자를 효율적으로 동원하기 위해서였지. 이 법에 따르면 의회의 승인을 받지 않아도 물자, 금융 및 자본, 산

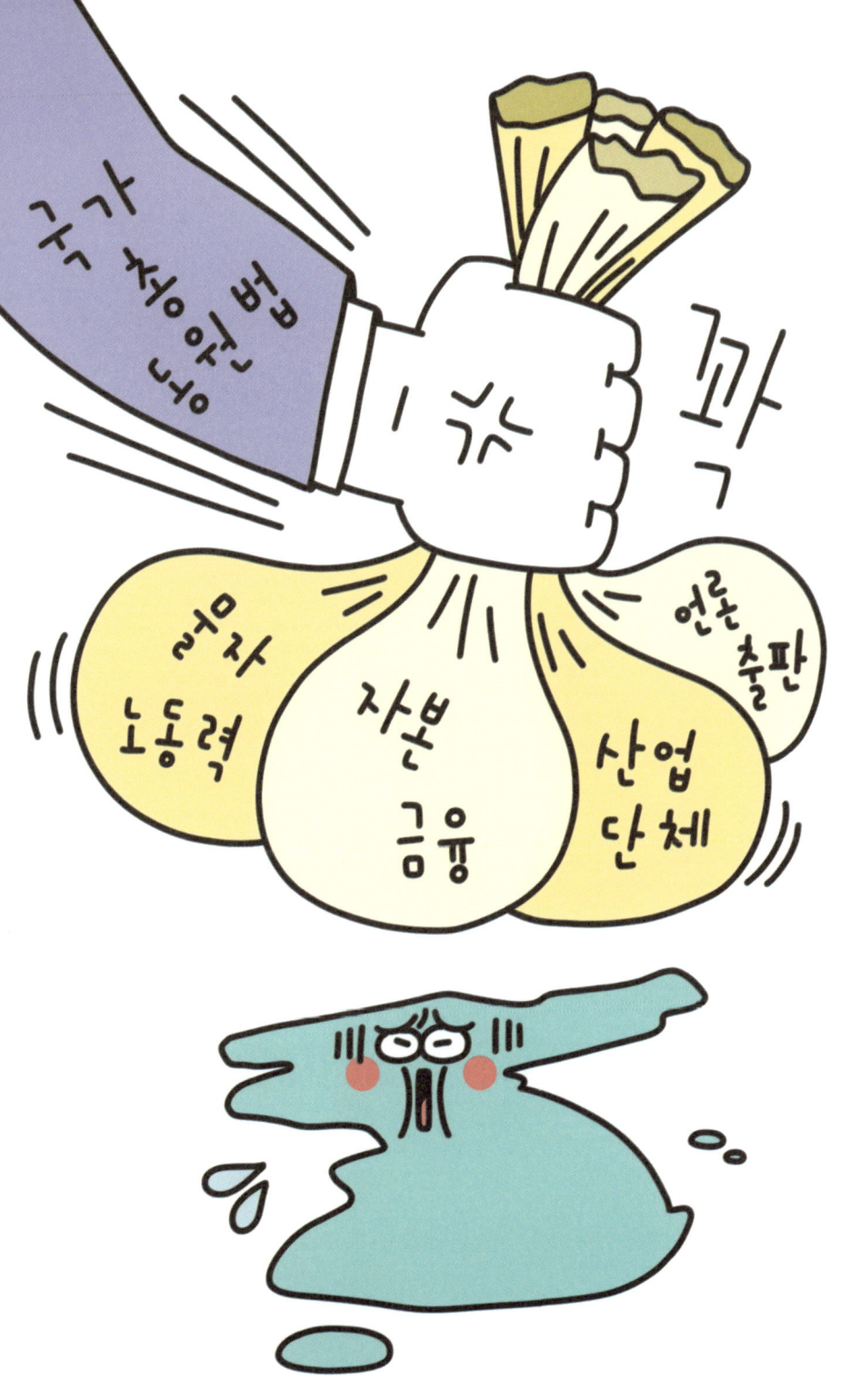

업 단체, 노동력, 언론과 출판 등 모든 것을 통제할 수 있었어. 또 전쟁에 방해가 된다면 개인의 생각과 행동도 통제할 정도였어. 이것은 조선에서도 똑같이 적용되었어.

1941년 12월, 일본은 미국 하와이의 진주만을 기습적으로 공격했어. 선전 포고도 없이 <u>태평양 전쟁</u>을 일으킨 거야. 태평양 전쟁이 시작된 뒤, 일본의 통제와 동원은 더욱 심해졌어. 젊은 남자들은 대부분 전쟁터로 끌려갔지. 그래서 공장이나 광산에서 일할 사람이 부족해졌어. 전쟁이 점점 더 길어지자 병사도 부족해졌고 전쟁 물자도 떨어졌지. 일본 사람들이 그토록 떠받들던 야스쿠니 신사의 동과 철로 만들어진 '도리이'라는 문마저 뜯어내 전쟁 물자로 사용할 정도였어. 더 이상 전쟁 물자가 나올 데가 없자 일본은 식민지 조선으로 눈을 돌렸어.

일본은 눈에 불을 켜고 식민지 조선의 모든 것을 끌어모았어. 조선의 사람, 돈뿐만 아니라

정신마저도 전쟁을 위한 자원으로 여겼지.

조선 사람에게 선택할 권리는 없었어. 일본이 전쟁터로 가라고 하면 전쟁터로 가야 했고, 광산으로 가라고 하면 광산으로 가야 했으며, 공장으로 가라고 하면 공장으로 가야 했어.

일본은 한반도 곳곳에 5천 곳이 넘는 광산을 개발했어. 귀한 광물을 가져가기 위해서였지. 이 광산에서 힘들게 일하는 사람은 강제로 끌려 온 조선 사람이었어.

1939년에서 1945년까지 일본은 조선에서 무려 780만 명의 사람들을 노동자, 군인, 군대에서 일하는 군무원 등으로 끌고 간 것으로 추측하고 있어. 이들은 일본이나 멀리 떨어진 남사할린, 태평양, 동남아시아, 만주, 중국 등으로 끌려갔어. 그곳에서 힘들고 위험한 일을 해야 했지.

곡식도 쇠붙이도 모두 빼앗아 간 일본

일본은 부족한 군수 물자와 식량을 채우기 위해 **공출**이

라는 이름으로 수많은 물자를 강제로 거둬들였어. '공출'은 국민이 나라에서 필요로 할 때 농작물이나 물건 등을 의무적으로 내놓는 것을 뜻해. 일본이 전쟁에 사용할 식량을 확보하기 위해 1939년부터 시행한 농산물 수탈 정책이 바로 '공출'이야.

우선 일본은 조선의 농촌에서 쌀을 거둬 가기 시작했어. 1942년에는 생산량의 42퍼센트를, 1944년에는 63퍼센트를 공출해 갔지. 쌀 생산량의 반 이상이나 거둬 간 거야. 1943년에는 쌀뿐만 아니라 보리, 밀, 밤까지 거둬 갔지.

그러면서 일본은 쌀 생산량을 늘리기 위해 농민을 들볶았어. 농민들은 일본 경찰의 감시를 받으며 농사를 짓고 추수를 해야 할 정도였어. 하지만 아무리 열심히 노력해도 짧은 시간 안에 생산량을 늘리는 것은 힘들었지. 일본은 쌀 생산량이 늘어나지 않아도 징해진 대로 쌀을 가져갔어. 집에 아주 조금 숨겨 놓은 식량까지 찾아내 탈탈 털어 갔지. 마을마다 내야 할 쌀의 양이 정해져 있었는데 정해진 만큼 내지 못하면 마을 사람 전체가 벌을 받았어.

일본은 이렇게 공출한 쌀과 농산물을 일본으로, 전쟁터로 끊임없이 실어 날랐지.

당시에는 누가 더 오래 전쟁을 계속할 수 있는 힘을 갖고 있느냐에 따라 전쟁의 승패가 좌우되었어. 전쟁은 그야말로 모든 것을 쏟아부어야 하는 총력전이었거든. 전쟁을 하는 데는 식량 말고도 필요한 것들이 많았어. 우선 무기를 만들어 낼 쇠붙이가 필요했지.

일본은 집에서 사용하는 무쇠솥, 놋으로 만든 밥그릇부터 숟가락, 젓가락까지 쇠붙이란 쇠붙이는 모조리 빼앗아 갔어. 절이나 교회에서 사용하는 범종뿐만 아니라 연희 전문학교에 세워진 선교사 언더우드의 동상도 떼어 갔고 농사에 쓰는 가마니와 군복을 만들기 위해 필요한 면화도 거둬들이는 대로 모두 가져 갔어.

그러고는 쌀, 보리를 비롯한 식량과 생활필수품을 통제하기 위해 **배급제**를 실시했어. 우리나라 사람들은 먹을 식량도, 생활에 쓸 물건도 턱없이 부족한 생활을 해야 했지.

강제로 동원된 게 아니라고?

우리나라 사람들은 일본에 의해 동원되면서도 어떤 법 때문인지 잘 몰랐어. 일본이 조선을 식민지로 지배하고 있는 것부터 불법이었고 법에 따라 합법적으로 행해진 것이라고 하더라도 그 방법이 모집이든 관청이 나서서 한 일이든 우리나라 사람에게는 똑같이 강제로 이루어진 일이었어.

그런데 관청에서 소개하거나 회사에서 모집하는 방법으로 동원되었다면 강제로 동원된 것이 아니라고 주장하는 사람들이 있어. 때려서 잡아가지도 않았고 **국민 징용령**에 따라 합법적으로 동원했다는 그럴듯한 근거를 들이대지. 그렇다면 정말 일본의 주장대로 우리나라 노동자는 자신의 의지로 일하러 간 것일까?

분명히 말하지만, 일본은 전쟁에 필요한 부족한 노동력을 메우기 위해 조선 사람들을 '강제로 동원'했어. 국민 징용령이 바로 사람들을 강제로 동원하기 위해 만든 명령이었지. 조선 총독부의 강압적인 명령 아래에서 관청 등이 적극적으로 나서서 동원이 이루어졌다는 거야.

조선 사람들은 일본 정부의 권력, 곧 '공권력'에 의해 강제로 동원되었어. 치밀하고 계획적인 공권력으로 이루어진 일이지. 자신이 가고 싶은 곳에 자유롭게 일하러 간 것이 아니라 일본 정부와 기업이 필요로 하는 곳에 강제로 동원된 거야. 만약 자신의 의지로 갔다면, 일할 곳에서 도망칠 이유가 없겠지? 그런데 수천 명의 사람들이 일할 곳에 도착하기도 전에 도망쳤어.

조선인 노동자들이 동원된 곳은 탄광, 광산, 군수 공장, 토목 건축 공사장, 삼림 채벌장, 군 공사장 등이었어. 자칫 잘못하면 크게 다치거나 목숨을 잃을 수도 있는 위험한 곳이었지. 그러다 보니, 관리자들은 노동자들이 도망칠까 봐 어디로 가는지 알려 주지도 않았어.

그뿐만 아니라 조선인 노동자들은 작업 현장에 도착하자마자 빚더미에 올라앉았어. 그곳까지 가는 교통비와 옷, 모자, 이불 등 현장에서 필요한 물품과 식사비와 숙박비까지 말 그대로 모든 비용을 노동자가 내는 것으로 계약되어 있었기 때문이야. 일본은 일한 대가도 제대로 주지 않았고 빚을 갚을 돈은 매달 임금에서 여지없이 빠

져나갔지. 아무리 열심히 일해서 빚을 갚고 또 갚아도 워낙 큰돈이라 다 갚을 수가 없었어.

조선인 노동자들은 자신이 어디로 가는지 몰랐던 것처럼 큰 빚을 지고 있다는 것도 전혀 몰랐어. 무슨 일이든 항상 일이 끝나고 나서야 알게 되었지. 일본은 노동자들에게 제대로 사실을 알리거나 선택하게 하는 일 따위는 애당초 하지 않은 거야. 뒤늦게 이런 사실을 알게 된 노동자들은 어이가 없고 화가 났지만 되돌릴 수는 없었지.

또 작업 현장과 생활 속에서 부당한 대우를 많이 받았어. 일은 힘들고 쉬는 시간은 거의 없었고 밥도 제대로 먹지 못한 채 오랜 시간 일해야 했어. 조선인이라는 이유로 무시당하고 차별까지 당하는 경우도 많았지.

후쿠시마에 있는 수력 발전소 공사 현장에 강제로 동원된 조선인 노동자의 증언을 들어 볼게.

"공사는 1944년 7월에 시작해 12월에 완공될 예정으로 급하게 진행되었습니다. 우리 조선 사람 천수백 명이 동원되었지요. 우리는 아침 6시부터 저녁 6시까지 죽도록 일해야 했어요. 식사는 아주 조금 나왔고 눈이 펄펄 내리는 날에도 거의 맨발로 일해야 했어요. 일하다 죽는 사람 뿐만 아니라 굶주림과 추위로 죽는 사람도 많았어요. 얼마나 많은 사람이 죽었는지 몰라요."

야마구치에 있는 탄광에 동원되었던 노동자의 이야기도 들어 봐.

"1942년 2월 3일, 탄광이 무너지는 사고가 났어요. 탄광 안에 183명이나 갇혔는데 그 가운데 130명이 우리나라 사람이었어요. 무너진 탄광을 복구하기 힘들자, 회사에서 뭐라고 했는지 아세요? 탄광 입구를 그냥 막아 버리고 다른 탄광이나 얼른 파래요. 제 친구들이 거기 있는데, 저만 간신히 살았는데. 우린 일본인 감독관한테 떠밀려서 다른 탄광을 파야 했어요. 저 땅 아래 파묻힌 사람들 생각에 눈물이 계속 흘러내려 앞이 보이지 않았어요. 그래도 우리는 울음을 삼키며 매를 맞아 가면서 계속 땅을 파야 했다고요. 지금도 생생해요. 정말 지옥 같은 시간이었어요."

우리나라 사람들이 강제로 동원된 곳 중에서 대표적인 곳이 **군함도(하시마섬)**야. 2015년 7월 5일, 군함도를 비롯한 '메이지 산업 시설'이 유네스코 세계유산위원회에서 세계 유산으로 등재되었어. 일본은 군함도에서 수많은 노동자가 끌려와 힘들게 일하다 다치고 죽은 사실은 쏙 빼놓았지. 일본은 수많은 조선인, 중국인이 자신의 뜻이 아니라 강제로 동원되어 가혹한 환경 속에서 일한 사실을 밝히겠다고 약속했지만, 아직도 이 약속은 지켜지지 않고 있어.

전쟁터에서 희생된 조선의 젊은이들

일본은 중국에 이어 태평양으로 전쟁을 키우면서 점점 더 많은 병사가 필요했어. 강력한 미군의 공격에 밀리자 마음이 급해졌지. 하지만 일본 안에서 더 이상 병력을 동원하기는 어려웠어. 일본은 자기 나라 국민만으로는 전쟁을 계속할 수 없다고 판단하고 군인을 동원할 수 있는 새로운 방법을 찾았지. 그것은 다른 민족을 활용하는 거였어. 바로 조선 사람을 침략 전쟁에 동원한 거야.

1938년 일본은 **육군특별지원병제**를 만들고 1943년에는 **학도 지원병** 모집을 공포했어. 다음 해에는 **징병제**를 실시했지. 일본이 실시한 지원병 제도는 말만 '지원'일 뿐, 조선의 창창한 젊은이들을 침략 전쟁에 강제로 동원하기 위해 만든 것이었어.

그런데 일본은 식민지 사람들의 손에 총을 쥐어 준다는 것이 영 마음이 놓이지 않았어. 혹시나 총구를 일본에 겨눌 수도 있기 때문이었지. 이런 일을 막기 위해 지원병제를 실시해 사람들이 저항하지 못하도록 한 거야. '지원'이라는 표현을 내세워 조선의 젊은이들이 스스로 나선 것처럼 선전했지. '지원'이라는 말은 순전히 일본의 침략 전쟁에 동원하기 위한 선전에 사용하려고 만든 표현이었어.

일본은 본격적으로 조선의 젊은이들을 병사로 끌고 가기 시작했어. 더 많은 젊은이들이 지원하도록 열을 올렸지.

또 조선 사람이 일본 군인으로 전쟁에 나가 목숨을 바치는 것이 얼마나 영광스럽고 명예로운 일인지 열렬히 선전했어. 열등한 조선 사람이 뛰어난 일본 사람이 되기 위해서는 일본 군인으로 지원해 전쟁터로 떠나는 방법뿐이라고 외쳤지. 자랑스러운 일본인이 되라며 온갖 달콤한 감언이설로 부추기기도 하고 무섭게 협박하며 강요하기도 했어. 지원자 수를 늘리기 위해 조선인 젊은이가 멋진 지원병으로 전쟁터로 가는 영화도 찍고 '지원병의 어머니'라는 노래도 만들었지.

이때 친일파는 일본을 떠받들면서 선량한 우리나라의 젊은이들을 전쟁터로 몰아넣었어. 친일파는 이미 오래전에 조선이 독립할 수 있다는 희망을 버리고 일본 편에 섰지. 친일파 이광수가 쓴 '조선의 학도여'라는 시의 일부를 읽어 봐.

> 그대여 벌써 지원하였는가 / -특별지원병을
> 내일 지원하려는가 / -특별지원병을
> 공부야 언제나 못 하리 / 다른 일이야 이따가도 하지만은
> 전쟁은 당장이로세 / 만사는 승리를 얻은 다음 날 일

일본은 야스쿠니 신사를 이용하기도 했어. 야스쿠니 신사는 침략 전쟁을 아름답게 꾸며 미화한 곳이야. 이 신사와 강제 동원은 어떤 관계가 있을까?

일본은 조선 사람도 전쟁에 나가서 죽으면 영광스럽게 야스쿠니 신사의 신이 될 수 있다고 목소리를 높였어. 야스쿠니 신사는 사람들을 침략 전쟁에 동원하기 위한 수단이었어. 전쟁에 끌려가 목숨을 잃은 사람들을 멋대로 야스쿠니 신사의 신으로 만들었지.

이렇게 우리나라의 수많은 청년이 강제로 동원되어 전쟁터로 내몰렸어. 꽃 같은 조선의 젊은이들이 일본의 총알받이로 끌려가 귀중한 목숨을 잃었지. 전쟁의 불구덩이로 떠밀려 일본의 침략 전쟁에 희생된 거야.

9

전쟁터에 강제로 끌려간 일본군 위안부

1938년 17세의 김순덕 할머니는 진주의 한 부잣집에서 식모살이를 하고 있었어. 어느 날, 일본 공장에서 일할 사람을 모집한다는 말을 들었지. 좋은 일자리라는 말에 속아 일본 나가사키로 가게 되었어. 그 뒤, 상하이의 위안소로 강제로 끌려갔어.

1938년 박영심 할머니는 '처녀 공출'에 걸려들어 중국 난징으로 끌려갔어. 난징 위안소에서 3년을 지냈고 버마(미얀마)에서 2년, 그리고 중국 윈난으로 끌려갔지.

김복동 할머니는 1941년, 마을 구장이 찾아와 군수 공장에 가야 한다는 말을 듣고 떠났다가 중국 광둥 위안소에서 몇 년을 지냈고 인도네시아로 끌려갔지.

아주 가난했던 배봉기 할머니는 1943년, 어느 소개꾼에게 많은 돈을 벌 수 있는 곳이 있다는 말에 속아 일본 오키나와로 끌려갔어.

이렇게 강제로 끌려간 조선의 여성들은 위안소로 보내졌어. 일본군 위안소에서 이들은 성노예 생활을 해야 했어. 마음대로 밖에 나갈 수도, 다른 곳으로 갈 수도 없었고 철저한 감시를 받으며 꼼짝없이 갇혀 살았지. 군인에

게 폭력을 당해도 억울한 사정을 알릴 데가 없었고 지독한 병에 걸려도 치료를 제대로 받을 수 없었어. 할 수 있는 거라고는 이를 악물고 버티고 견디는 것뿐이었어. 전쟁을 효율적으로 수행한다는 명분 아래 일본은 위안부 여성들을 군수품으로 취급했지.

위안부를 동원한 것은 일본 정부와 일본군이 서로 손을 잡고 함께 계획한 거였어. 1937년 상하이 일본 총영사관은 현지의 헌병대 등과 협의해 <u>군위안소</u>를 설치하기로 결정했어. 그리고 비밀리에 일본과 조선에서 위안부를 모집했지. 헌병과 경찰이 서로 긴밀하게 연락하면서 협조했어. 1938년 초부터 조선에서는 강제로 군에 끌려가는 여성들이 있다는 소문이 돌았어. 일본은 무슨 소리냐면서 펄쩍 뛰었지.

태평양 전쟁이 시작되면서 일본은 중국과 동남아시아, 태평양 섬 등 여러 지역에 위안소 400개를 만들기로 계획했어. 많은 여성들이 동남아시아 전선에 보내졌어. 얼마나 많은 여성들이 끌려갔는지는 아직 정확히 몰라.

전선이 점점 넓어지고 군인이 더 많아지면서 위안부들

도 더 많이 동원되었지. 조선뿐 아니라 대만, 중국, 필리핀, 인도네시아, 말레이시아의 여성들도 폭력을 당하거나 거짓말에 속아 위안부로 끌려갔어.

일본 정부와 일본군은 위안부의 수와 동원 방법, 동원하는 데 필요한 비용 등 모든 것을 철저히 계획하고 실행했어. 폭력과 납치, 유괴 또는 좋은 일자리가 있다는 달콤한 말에 속아 수많은 여성이 끌려갔어.

이렇게 위안부가 강제로 동원된 것은 명명백백한 사실인데도 여성들이 자발적으로 간 것이라는 주장을 하는 일본 사람들이 있어. 또 위안소로 끌려간 여성들이 성노예가 아니었다고 주장하기도 하지. 일본군 위안부라는 이름 아래 철저하게 인권을 짓밟힌 여성들의 인권을 외면하고 있는 거야. 일본은 자신들의 죄를 인정하고 사죄하기는커녕 아직도 발뺌하고 죄를 덮기에 급급해 하고 있어.

1993년 고노 요헤이 장관이 발표한 **고노담화**에서 일본군 위안부 문제에 일본군이 관여했다는 것을 처음으로 인정하기는 했지만 그 뒤에는 다시 부정하는 것으로 입장을 바꾸었어.

현재 우리 정부에 등록된 위안부 피해자는 실제 피해를 입은 사람들 가운데 일부인 240명이야.

생존자들은 실제로 겪은 참담한 이야기를 전하면서 역사의 정의와 명예 회복을 요구해 왔어. 하지만 일본 정부는 아직까지 진정한 사죄도, 엄청난 죄에 대한 책임도 지지 않고 있어.

그렇다면 일본은 어떻게 책임을 져야 할까? 우선 자신들이 저지른 잘못을 인정하고, 피해자들에게 진정으로 사과하고 위로하며 반성하는 뜻을 전해야 할 거야. 그리고 법적으로 책임을 인정하고 피해자들에게 정신적 물질적 보상과 함께, 피해자들의 명예를 회복할 수 있도록 노력해야겠지.

위안부 문제는 여성의 인권, 전쟁 범죄, 외교 등 여러 면에서 국제 사회의 큰 관심을 불러일으켰어. 그런 만큼 일본의 진심 어린 사과와 책임감 있는 자세가 더욱더 필요해.

10

우리나라가 일본 덕분에 발전하고 근대화 되었다고?

일제 강점기 때 우리나라에는 철도와 도로, 항구 등이 만들어졌고 근대적인 교육을 하는 학교도 세워졌어. 이 때문에 일본은 자기네 덕분에 우리나라 사회와 경제가 발전하고 근대화되었다고 주장해. 심지어 우리나라에서도 일제 강점기 때 우리 경제가 발전하고 근대화되었다고 주장하는 사람이 있어.

정말 말도 안 되는 주장이야. 오히려 그 반대지. 일본은 우리나라의 모든 것을 빼앗아서 자기 나라를 발전시킨 것이라고!

자, 이제부터 그 이유를 하나하나 따져 볼까?

일본이 철도, 도로 등 산업의 기초가 되는 기간산업 시설을 세운 것은 맞아. 하지만 왜 일본이 철도를 놓고 도로를 건설하고 항구를 만들었을까?

경부선은 서울과 부산을 잇는 철도이고 **경의선**은 서울과 평안북도 신의주를 잇는 철도야. 이 철도는 러일전쟁 때 군대를 실어 나르는 수단이었어. 또 기름진 평야를 지나면서 곡식과 상품 등 전쟁 물자를 운반하는 통로였지. 군대와 경찰이 우리나라 곳곳을 물샐틈없이 감시하고 통

제하며 군대나 수탈한 식량을 옮기기 위해 철도가 필요했던 거야.

도로와 항구도 마찬가지였어. 일본이 우리나라에서 생산된 곡식, 지하자원 그리고 문화유산 등을 빼앗아 빠르고 편리하게 일본으로 실어 나르기 위해서였어.

우리나라 사람이 철도나 도로를 이용하려면 아주 비싼 값을 내야 했고 자유롭게 이용할 수도 없었어. 결론적으로 일본이 이런 시설을 만든 이유는 우리나라 사람들의 행복과 편리, 경제 발전을 위해서가 아니라 자기 나라를 위해서였던 거야.

또 교통 시설을 만들기 위해 힘들게 일한 사람은 그 누구도 아닌 우리였어. 일본은 우리나라 땅을 멋대로 사용하고 우리나라 사람을 강제로 동원해서 공사를 진행시켰어. 군대를 이동시키고 물자를 수송하기 위해 공사를 서둘렀기 때문에 많은 사람들이 다치거나 목숨을 잃었지.

> **결국 일본은 우리나라를
> 효율적으로 지배하려고
> 근대 시설을 세운 거야.
> 조선을 키워서 조선의 것을
> 빼앗기 위한 목적이었어.**

우리나라가 경제 발전을 이루면 누가 이익을 얻을까? 경제 발전의 이익은 일본인 자본가와 지주 그리고 매우 적은 수의 조선인 자본가와 지주에게 돌아갔어. 농민이나 노동자들은 살 곳도 잃고 굶주린 나머지 보따리를 꾸려 간도, 만주 등으로 떠나 정처 없이 떠돌았지.

우리나라가 겉보기에 경제적으로 발전한 것 같았던 시기는 일본이 대륙을 침략하고 이에 따라 조선이 전쟁 기지 역할을 하던 때였어. 이때 우리나라로 흘러 들어온 자본은 전쟁과 관련된 군수 산업, 중공업 등에만 쓰인 일본 자본이었지. 우리나라 사람들은 우리와 전혀 관계없는 전쟁터나 노동 현장으로 동원되었어. 그야말로 일본에 모든 것을 빼앗기면서 이루어진 경제 발전이라고 볼 수 있지. 이것을 진정한 발전이라고 할 수 있을까?

근대화란 과연 무엇인지에 대해서도 생각해 보아야 해.

근대화란, **사회 경제적인 발전**과 더불어 **정치, 문화적으로도 발전**하는 거야.

특히 정치적인 면에서 **민주주의**가 발전하고, **개인의 권리**도 이전보다 훨씬 나아져야 진정한 근대화라고 할 수 있어. 하지만 일제 강점기 때에 우리나라 사람들의 권리와 인권은 짓밟히기만 했지.

근대 학교를 세워서 교육을 잘 받을 수 있었다고? 우리나라 사람이 받은 교육은 근대 사회를 잘 살아 나가기 위한 것이 아니라 일본에 충성하라고 다그치는 교육이었어. 일본은 교육을 통해 일본의 왕에게 복종하는 '신민'을 키우고자 했지.

하지만 조선 사람이 세운 학교도 많았어. **조선 교육령** 아래에서도 조선 사람 스스로 제대로 된 근대 교육을 하려고 애썼거든. 조선 교육령은 일본이 우리의 말과 글, 역사와 지리를 가르치지 못하게 하는 등 식민지 교육을 강요한 법이야.

그나마 일본이 세운 산업 시설은 6·25 전쟁으로 대부분 파괴되었어. 온 나라를 집어삼킨 전쟁의 폐허 속에서 오늘날 눈부신 경제 발전을 이룩한 것은 피와 땀과 눈물을 흘리며 나라를 되찾고 다시 일으켜 세운 우리 국민의 힘이라는 것을 절대로 잊지 마.

우리나라는 1910년 일본에 국권을 빼앗긴 이후 1945년 광복되기까지 35년 동안 암흑기를 겪었어. 그 어둠의 세월 동안 수많은 사람이 목숨을 잃고, 평생 씻을 수 없는 상처와 피해를 입었지.

일본이 우리나라를 식민지로 지배한 것은 분명히 불법이고 무효야.

그런데도 일본은 우리나라를 침략한 것이 무력에 의한 것이 아니라 합법적인 절차에 따른 것이었다고 주장해. 일본 정부는 언제쯤 우리나라의 식민 지배가 불법이고 부당했다는 사실을 인정하고 사죄할까?

일본 정부는 여전히 그 사실을 인정하지 않고 있어. 독도는 일본 땅이라는 망언을 내뱉고, 침략 전쟁을 일으킨 사람들을 신으로 모시는 야스쿠니 신사를 참배하며, 일본군 위안부 강제 동원을 부정하고, 노동자들에 대한 배상은 국가에 했으니 모든 것이 완전히 해결되었다는 주장만 되풀이하고 있지.

새로운 동북아시아의 평화, 더 나아가 세계 평화와 인권을 위해 일본의 진심 어린 사과가 필요할 때야. 오늘도 우리는 일본 정부의 진정한 사죄를 기다리고 있어.

교양 꿀떡

일제 강점기에는 어떤 일이 있었을까?

초판 1쇄 발행 2025. 7. 30.

지은이	손지숙
그린이	김보경
발행인	이상용 이성훈
발행처	봄마중
출판등록	제2022-000024호
주소	경기도 파주시 회동길 363-15
대표전화	031-955-6031
팩스	031-955-6036
전자우편	bom-majung@naver.com

ISBN 979-11-94728-09-2 73910

값은 뒤표지에 있습니다.
잘못된 책은 구입한 서점에서 바꾸어 드립니다.
본 도서에 대한 문의사항은 이메일을 통해 주십시오.

봄마중은 청아출판사의 청소년·아동 브랜드입니다.